M. SIGISMOND GLANDAZ

M. SIGISMOND GLANDAZ

Président honoraire de la Chambre des Avoués

près le Tribunal de première instance de la Seine.

PARIS

IMPRIMERIE ET LIBRAIRIE GÉNÉRALE DE JURISPRUDENCE

MARCHAL, BILLARD ET Cie, IMPRIMEURS-ÉDITEURS

LIBRAIRES DE LA COUR DE CASSATION

Place Dauphine, 27

1877

M. SIGISMOND GLANDAZ[1]

M. Sigismond Glandaz, dont la perte récente a ému le Palais, était un des derniers représentants d'une de nos plus belles époques judiciaires. Président honoraire de la Chambre des avoués, il pouvait être considéré comme la personnification la plus éclatante et la plus autorisée de cette grande compagnie. A ce titre, M. le rédacteur en chef de la *Gazette des Tribunaux* voulait lui consacrer une notice; il m'a prié de l'écrire. A défaut des contemporains, témoins des travaux et des succès de M. Glandaz, il a fait appel au gendre qui, pendant de longues années, avait eu le bonheur, aujourd'hui si tristement expié, de vivre dans l'intimité de cet homme remarquable. C'était me proposer

(1) Extrait de la *Gazette des Tribunaux* du 6 avril 1877.

un devoir sacré; je surmonte ma douleur pour le remplir.

M. Sigismond Glandaz naquit à Paris le 8 novembre 1792. Son père, procureur au Parlement, puis défenseur officieux, était devenu avoué au Tribunal de la Seine, lors du rétablissement de l'ordre judiciaire. Il avait donné à ses enfants une forte éducation. L'aîné a été président du Tribunal de Nogent-sur-Seine; le troisième, avoué d'appel; le dernier et le seul survivant, après avoir brillé au barreau et au parquet de Paris, a siégé avec distinction à la Cour suprême.

M. Sigismond Glandaz était le second des quatre frères. Il fit au lycée Charlemagne d'excellentes études. En 1808, il obtint au grand concours le prix d'honneur et d'autres couronnes; ce qui lui valut le prix impérial de belles-lettres alors décerné par le ministre de l'intérieur, en présence de l'Institut, en même temps que les prix de peinture et de musique. A cette occasion il fut présenté à l'Empereur, qui annonça l'intention de l'attacher au Conseil d'État. On fit observer que le lauréat n'avait que seize ans. « Nous attendrons, répondit l'Empereur. » Plus tard, en effet, une place d'auditeur fut offerte à M. Glandaz; mais, après trois jours de réflexion, prévenant les secrets désirs de son père, il lui déclara qu'il préférait la libre profession d'avoué.

Il lui succéda en 1817, à peine âgé de vingt-cinq ans, et ne tarda pas à manifester ses heureuses qualités : une vive intelligence, un jugement rapide et sûr, l'instinct des affaires et du droit, le talent d'écrire et de parler. Tant d'aptitudes, développées par un incessant labeur, le portèrent bientôt au premier rang. Dès 1819 il s'était révélé dans la conduite de cet immense procès de la succession Mazarin qui, remontant aux libéralités de Louis XIV, soulevait les plus graves questions de droit public. Depuis, il n'y eut guère à Paris d'important litige où il ne fût appelé à prendre le principal rôle.

La date de sa licence l'autorisait à plaider, et nul n'a mieux justifié ce privilége. Sa parole claire, précise, spirituelle, était singulièrement persuasive. Il savait rendre attrayantes les thèses de procédure les plus arides. Aussi se plaisait-on à l'entendre. Lorsque les avocats qu'il avait désignés ne pouvaient venir à la barre, le Tribunal le provoquait à les remplacer. Il improvisait alors, sans notes, souvent sans dossier, des plaidoiries qui charmaient les juges et l'auditoire. Après un de ces débats, M. De Belleyme lui écrivait : « Comment pouviez-vous demander la remise d'une cause dans laquelle nous avons admiré la science profonde du praticien et l'élégante facilité de l'orateur ! » Une autre fois, M. Rigal lui adressait ce billet : « Si j'avais eu l'honneur d'être président jeudi, vous n'auriez pas échappé à un compliment bien mérité; si celui d'un simple juge peut vous être agréable, recevez le mien. » Il serait impossible d'énumérer ici toutes les affaires qu'il a plaidées à la prière de ses clients, qui se croyaient certains de vaincre quand ils étaient défendus par lui. Il choisissait les plus délicates ; il s'y montrait l'égal des maîtres en renom (1). Redoutable dans la lutte, généreux dans la victoire, attentif à ne jamais dépasser la mesure, il lui est arrivé de séduire jusqu'à ses adversaires, et l'on se souvient qu'après un procès qu'il avait gagné contre M. Pradier, celui-ci, touché de ses procédés, le rechercha, devint son ami et voulut faire son buste, qui fut la dernière œuvre du célèbre statuaire.

Ce qui distinguait M. Glandaz, c'est qu'à une étonnante facilité qui semblait le dispenser du travail, il unissait les habitudes les plus laborieuses. Venait-on le consulter : on commençait à peine à lui exposer les faits qu'il avait tout deviné ; on finissait à peine qu'il avait tout décidé; cependant il se remettait alors à tout examiner. Il instruisait les affaires avec un soin extrême; chaque point était scruté, chaque détail éclairé, chaque pièce classée et annotée. Quand le dossier sortait de ses mains, la discussion était prête; il ne restait plus qu'à la

(1) M. Philippe Dupin lui écrivait un jour : « Veuillez donc vous trouver à mon lieu et place, m'excuser, et remplacer ma parole par la vôtre qui n'en fait regretter aucune. »

colorer et à l'animer. Voilà pourquoi l'improvisation lui était si aisée; il y apportait le prestige d'un langage entraînant et les ressources d'une science sans cesse accrue par la pratique et par l'étude.

M. Glandaz n'était pas seulement un homme d'affaires consommé et un orateur éloquent; il possédait un mérite plus élevé et plus rare : il était jurisconsulte. Profondément versé dans la connaissance des lois françaises et étrangères, il excellait à développer leurs principes, à les combiner, à en tirer de nouvelles applications pour résoudre les difficultés en apparence les plus inextricables. Combien de situations compromises n'a-t-il pas ainsi sauvées ! Combien de droits ennemis n'a-t-il pas réconciliés ! Qu'il me soit permis de citer un exemple qu'il aimait à rappeler. Le chef d'une puissante maison était tombé, par la faute de tiers, dans de terribles embarras; la dot de sa femme, généreusement sacrifiée, ne suffisait pas à conjurer le péril; il avait un enfant mineur qui venait de recueillir un riche héritage. M. Glandaz sollicita l'autorisation d'employer les deniers du fils à secourir le père. Chacun se récriait sur la témérité de cette requête; mais il fit valoir que l'esprit de la loi commandait de chercher le véritable avantage du pupille; que les intérêts de son honneur étaient supérieurs à ceux de sa fortune; qu'à sa majorité, il lui importerait moins de trouver un patrimoine affaibli qu'un nom sans tache, et l'autorisation fut accordée. C'est ainsi qu'un génie hardi prépare les progrès de la jurisprudence, utile au public autant qu'à ses clients. Là ne se bornaient pas l'action et l'influence de M. Glandaz.

Lorsque M. De Belleyme prit la présidence du Tribunal de la Seine, il y avait un arriéré considérable. Un député annonçait une interpellation à ce sujet. Le nouveau président recourut à l'expérience de M. Glandaz. Par ses conseils et avec son concours, il organisa des mesures qui, en moins de six semaines, firent disparaître l'arriéré. Quand l'interpellation voulut se produire, elle se trouva sans objet.

Déjà, en 1830, M. Glandaz avait soumis au ministre de la justice un mémoire dans lequel il signalait diverses réformes à introduire dans l'administration du Tribunal : établir une chambre du conseil ayant son personnel, son rapporteur, son greffier, ses registres et sa jurisprudence; concentrer les ordres et les liquidations entre les mains de magistrats spécialement chargés de ce travail et qui n'en seraient pas détournés par l'audience; en un mot, créer des juges d'instruction civils, comme il y a des juges d'instruction criminels ; tel était, formulé en articles, ce sage programme dont les troubles politiques empêchèrent l'examen. Heureusement, M. De Belleyme avait en M. Glandaz une confiance qui allait jusqu'à l'amitié. Il connaissait ses vues; il les appliqua en les fécondant, et ce n'est pas diminuer la réputation de l'illustre président que de montrer M. Glandaz associé à l'initiative de ces améliorations en partie consacrées par des lois postérieures et qui ont porté la justice parisienne à un si haut degré de perfection.

En 1839, M. Glandaz avait fourni à *l'Encyclopédie du Droit* un remarquable article sur les règlements qui régissent les avoués. Il chérissait sa profession et ses confrères; il mettait à les servir de sa plume ou de sa parole un infatigable et habile dévouement. Que la corporation eût à défendre ses priviléges ou à émettre son avis sur les projets de lois qui la touchaient, il était son interprète naturel. On lira toujours avec fruit les *observations* qu'il rédigea pour elle, en 1840, sur les ventes judiciaires; en 1841, sur le tarif de ces ventes; en 1850, sur la clause d'exécution parée; en 1851, sur la loi hypothécaire; en 1852, sur la propriété des offices; en 1856, sur les ordres. De 1839 à 1848, il fut membre de plusieurs commissions instituées au ministère de la justice pour la confection de lois importantes. Enfin, en 1850, invité à déposer dans les enquêtes que firent l'Assemblée législative et le Conseil d'État sur la réforme hypothécaire et le crédit foncier, il étonna ses éminents auditeurs par la lucidité et la sagacité de ses explications, qui resteront comme un modèle du genre. A la même époque, il s'était chargé de reviser le *Formulaire de procédure* de M. Adolphe Chauveau, et la part qu'il a prise à cet utile ouvrage engagea l'Académie de législation de Toulouse à l'admettre parmi ses correspondants.

Tant de travaux avaient conféré à M. Glandaz une légitime autorité. L'éclat de ses succès oratoires se reflétait sur sa compagnie, qui lui dut ainsi une considération plus grande et en quelque sorte une existence nouvelle. Elle n'était pas ingrate. Dès 1829, elle lui avait ouvert l'entrée de la Chambre, et, de 1831 à 1851, il fut six fois promu à la présidence. Depuis 1831 il était chevalier de la Légion d'honneur.

En dehors du Palais, où se multipliaient ses occupations, l'activité de M. Glandaz suffisait à d'autres devoirs. De 1831 à 1848, il fut capitaine rapporteur, d'abord du conseil de discipline, puis du conseil de révision de la seconde légion. Il était administrateur de la caisse d'épargne, de l'asile Fénelon et d'autres établissements charitables. Le deuxième arrondissement l'avait élu membre du conseil municipal de Paris et du conseil général de la Seine ; jusqu'en 1848, il siégea dans ces assemblées. Les conservateurs de son arrondissement voyaient en lui leur futur député ; nul ne convenait mieux à un pareil mandat ; mais les plus sages et les plus intègres ne sont pas les plus populaires, et la révolution lui ferma l'accès de ces fonctions dans lesquelles il aurait pu rendre de si grands services.

En 1851, à la suite de longues plaidoiries dans les affaires Laffitte, Baudon et Ternaux, il éprouva une fatigue qui parut lui conseiller la retraite. En 1853, il cessa d'être avoué ; mais la Chambre ne voulut pas se séparer de lui ; elle le nomma président honoraire, avec droit de séance et de vote, et décida que son portrait serait placé dans le lieu où elle se réunit. Ces distinctions, les plus élevées que M. Glandaz pût recevoir de ses pairs, sont les seules qu'il ait ambitionnées ; elles lui étaient précieuses, parce qu'elles maintenaient le lien qui l'attachait à sa compagnie et continuaient une collaboration qui lui était chère.

Cependant le repos qu'il s'était promis ne fut pas respecté par les affaires ; les plus graves et les plus difficiles venaient le solliciter. Il était comme ces médecins éminents qu'on implore dans les cas désespérés. De toutes parts on invoquait le secours de ses lumières. Pendant vingt années il signa un grand nombre de savantes consultations. On lui en demandait même des pays étrangers, où son nom était aussi connu qu'en France, et il eut un jour cette flatteuse surprise qu'un magistrat espagnol lui envoya un projet de jugement afin de savoir si la pensée d'une de ces consultations y avait été bien suivie.

Il m'appartient surtout de parler de sa vie privée, dont j'ai été le témoin. Dans le commerce ordinaire, il oubliait sa supériorité pour se montrer le plus modeste, le plus affable et le plus bienveillant des hommes. Jamais un trait blessant ne sortit de sa bouche. Ses mœurs étaient pures; sa bonté inépuisable se produisait sous les formes les plus délicates. Il composait des vers; il cultivait la musique. Aimant les arts, le théâtre, la conversation des personnes distinguées, il aimait encore plus son intérieur; il n'acceptait de plaisirs que ceux qu'il pouvait goûter au milieu de ses enfants. Sa maison hospitalière était gouvernée avec une douce sagesse par Mme Glandaz, qu'il avait épousée en 1817 et qui était son égale par l'esprit et par le cœur; type accompli de la mère de famille, dévouée aux siens, intervenant comme une Providence dans leurs épreuves, et joignant au sens le plus ferme, aux dons les plus sérieux, cette grâce irrésistible qui faisait le charme et l'union d'un nombreux entourage. Il faut avoir connu ces natures d'élite pour comprendre tout le bonheur qu'elles répandent autour d'elles. Hélas! les années avaient amené la fin. M. Glandaz était souffrant lorsque sa femme tomba tout à coup foudroyée par un mal subit. Combien fut cruel le moment où il fallut lui apprendre qu'il avait perdu la compagne de sa vie! Nous sentions qu'il ne pourrait lui survivre, tant ces deux existences étaient liées l'une à l'autre par soixante ans d'une constante affection. Lui aussi le sentit et ne le cacha pas. Sa première parole fut pour demander un prêtre qui avait sa confiance; il reçut les secours de la religion, et, le huitième jour, il s'éteignit. Jusqu'à la veille de sa mort, il errait ou plutôt il se traînait dans son appartement, jetant de tous côtés ses regards, comme s'il cherchait celle qu'il ne devait plus revoir. Un soir, il s'arrêta devant son bureau et, d'une main tremblante, essaya de tracer une ligne. Un seul mot a pu être lu : *Vixi* (j'ai vécu) ; mais il est facile de suppléer le reste ; rendant à M. Glandaz le témoignage que sans doute il se rendait à lui-même, nous pouvons dire : il avait bien vécu ; il avait rempli sa tâche dans ce monde ; il avait fait un digne usage des facultés que Dieu lui avait départies, et il laissait après lui, ce qui vaut mieux encore que la renommée fugitive du talent, l'exemple et le souvenir de la plus honorable carrière.

DUPRÉ LASALE,

Conseiller à la Cour de cassation.

DISCOURS

PRONONCÉ

SUR LA TOMBE DE M. GLANDAZ

PAR

M. CULLERIER

Président de la Chambre des Avoués
près le Tribunal de première instance de la Seine (1).

---

11 mars 1877.

Aujourd'hui ont été célébrées, au milieu d'une affluence considérable, les obsèques de M. Glandaz, président honoraire de la Chambre des avoués au Tribunal civil de la Seine.

La Chambre des avoués au Tribunal civil et celle des avoués à la Cour d'appel assistaient en robe à cette triste cérémonie.

Au cimetière du Père-Lachaise, M. Cullerier,

(1) Extrait de la *Gazette des Tribunaux* des 11 et 12 mars 1877.

président de la Chambre des avoués près le Tribunal civil, a prononcé le discours suivant :

Messieurs, chers confrères,

Pour honorer la grande personnalité de notre regretté président comme elle mérite de l'être, il faudrait des développements que ne comporte pas la triste cérémonie qui nous réunit et surtout une voix plus autorisée que la mienne.

J'aurais, je vous l'avoue, reculé devant cet honneur périlleux, si je ne savais que vous n'attendez de moi à cette heure suprême qu'un dernier adieu à l'homme de bien que nous avons aimé et estimé.

Sans crainte de blesser aucune susceptibilité ni d'amoindrir de pieux souvenirs, il faut placer à la tête de la compagnie M. Glandaz.

Il nous a consacré sa vie.

Il était attaché à notre profession, autant par ses succès que par le souvenir de son père, dont il tenait à honneur de suivre dignement les traces.

Il lui succéda en 1817, à peine âgé de vingt-cinq ans, et devint l'éminent jurisconsulte que le lauréat de 1808 avait fait pressentir.

A une science profonde du droit il joignait le prestige d'une parole spirituelle, facile et séduisante.

Doué d'une merveilleuse sagacité, jointe à une profonde connaissance des affaires et à une grande habileté dans leur direction, il étonnait par la promptitude et la sûreté de son jugement.

C'était un adversaire redoutable, mais généreux dans la victoire.

Cette grande intelligence ne pouvait tarder à être appréciée ; aussi fut-il bientôt appelé à faire partie de la Chambre, et six fois il fut honoré de la présidence.

Pendant sa longue carrière, que de services n'a-t-il pas rendus à la compagnie !

A une époque où nous étions menacés, avec quelle énergie, quelle habileté et quel dévouement n'a-t-il pas défendu nos droits et comme il porta ferme, haut et droit notre drapeau !

Ceux qui ont assisté à ces graves luttes en ont conservé la mémoire.

Ses écrits, que nous gardons précieusement dans nos archives, sont là pour en témoigner.

Aussi, pour récompenser ce grand dévouement, lorsqu'après trente-six ans d'exercice, M. Glandaz songea à prendre sa retraite, la Chambre, par une délibération qui l'honore, ne voulant pas se séparer de son noble chef, lui conféra le titre de président honoraire et arrêta que son portrait serait placé dans la salle de nos séances, voulant, lui vivant, pouvoir recourir à ses lumières et, lorsque la mort nous l'aurait ravi, que son image rappelât à tous ce qu'il fut.

Mais si l'heure de la retraite avait sonné, l'heure du repos n'était pas venue.

Il ne pouvait convenir à cette grande intelligence de se condamner à l'inactivité. Et l'eût-il voulu, du reste, que ses anciens clients et nous-mêmes serions venus forcer sa porte et réclamer ses conseils.

Aussi, jusqu'à ses derniers jours, fut-il le directeur éclairé d'intérêts considérables. Toujours assidu à nos séances, il y assistait encore il y a peu de temps ; nous espérions le revoir bientôt, lorsqu'un malheur aussi grand qu'imprévu est venu le frapper.

La compagne si dévouée de sa vie s'est éteinte subitement; ce coup cruel l'a foudroyé.

Mais Dieu a eu pitié de sa peine en le rappelant auprès d'elle, pour qu'ils soient unis au ciel comme ils l'avaient été sur la terre.

Adieu, cher et vénéré maître, ton souvenir est gravé dans nos cœurs; il ne s'effacera jamais.

Paris. — Imprimerie J. Dumaine, rue Christine, 2

[illegible]

[illegible]

[illegible]

www.ingramcontent.com/pod-product-compliance
Lightning Source LLC
LaVergne TN
LVHW020510230826
846091LV00008BA/3434

* 9 7 8 2 0 1 9 2 5 1 6 2 8 *